Reformas educativas
Mitos y realidades

Reformas educativas
Mitos y realidades

Jorge Luis Cruz Pérez

Primera edición, 2018

D.R. ©2018, Instituto Superior de Investigación en
Ciencias de la Educación, A. C.
Calle Miguel Hidalgo 808-A, Zona Centro
92200 Chontla, Veracruz
isice73@gmail.com

ISBN-10: 9781980584704
ISBN-13: 978-1980584704

Impreso y hecho en México
Printed and made in Mexico

Índice

Prólogo

Hablar de las sucesivas "reformas educativas" que han tenido lugar en México, tal como lo hace el Doctor Jorge Luis Cruz Pérez en su libro *Reformas educativas: Mitos y realidades*, implica la necesidad, en principio, de definir con claridad los términos abordados. El término *reforma* nos habla simplemente de que algo adquiere una nueva forma, remitiéndonos a la noción de cambio o transformación. Si hablamos de reformas de tipo legal o constitucional, se tiene que aceptar la existencia implícita de un componente axiológico, valorativo. Es decir, se considera que una ley o conjunto de leyes se reforman para mejorarlas, o para adecuarlas a una realidad que ha cambiado. Para determinar el grado y el sentido de la "mejora" que una reforma introduce en una ley, es necesario tener entonces una claridad teleológica, en cuanto a los fines que dicha ley persigue, y cómo es que la mejora en cuestión hará que dichos fines sean efectivamente alcanzados.

El segundo término, referente a lo educativo, nos puede dar una idea del sentido deseable en las reformas de las que hablamos. Lo educativo incide en un tema esencial para cualquier nación: ¿Cuál es el ciudadano que debe ser formado en las aulas? ¿Qué características son deseables en dicho ciudadano? ¿Cómo puede el Estado contribuir a través de sus instituciones escolares a la formación de dicho ciudadano? Si entendemos a la pedagogía como el proceso de acompañamiento del sujeto en su formación, ¿cómo saber si nos estamos aproximando o alejando del resultado deseado?, ¿cómo evaluar un proceso cuando desconocemos el objetivo que se persigue?

Una vez definido lo anterior, se estaría en condiciones de evaluar una reforma, para determinar si merece tal denominación, lo cual explica, que en repetidas ocasiones, la "reforma educativa" implementada durante el sexenio de Enrique Peña Nieto haya sido desconocida como tal, llamándosele más bien "contrarreforma laboral", con lo cual se niega tanto que los cambios que introduce sean para mejorar, como el carácter educativo de dichos cambios.

En ese sentido, el trabajo del Dr. Cruz Pérez, deja muy clara la existencia general de dos tendencias históricas paradigmáticas en cuanto a las reformas educativas en México se refiere: la que privó desde el final de la Revolución Mexicana hasta 1992, caracterizada por los principios de igualdad de oportunidades, justicia social y nacionalismo educativo, y la que deriva de la imposición del modelo neoliberal, que substituye los principios anteriores por criterios eficientistas de calidad y modernización, impulsados por organismos internacionales como la OCDE y el Banco Mundial. Desde una perspectiva histórica, tal vez sólo las primeras podrían ser llamadas estrictamente reformas, y se tendría que considerar a los cambios introducidos en la segunda etapa como contrarreformas, en tanto que pretenden desmontar lo desarrollado durante el periodo anterior. Podríamos ir más lejos al vincular este ciclo de contrarreformas con la debacle en los resultados educativos que se vuelven recursivamente el mejor argumento para la imposición de nuevos "modelos", que no llevan más que al empeoramiento de los resultados de la educación pública y privada en México.

Uno de los indicadores más evidentes del cambio de paradigma educativo señalado, consiste precisamente en la utilización del término "calidad" aplicado a la educación, que como reconoce el Dr. Cruz Pérez, constituye una exportación del ámbito productivo al educativo, y que fue llevado al exceso al ser adicionado en la redacción misma del Artículo 3° de la Constitución. La incorporación de los términos empresariales al ámbito educativo, al llamar "producto" al egresado de un sistema escolar, "insumo" a los estudiantes por ingresar, "recursos" a los elementos necesarios para su formación, da muestra de esos neologismos eufemísticos tan característicos del neoliberalismo, y es indicativo de una visión tecnocrática y deshumanizadora, que pretende asimilar la escuela a una fábrica, de tal modo que así como en una línea de producción todos los tiempos y procesos se deben ajustar con precisión, en todas las aulas se tendría que implementar exactamente el mismo cronograma de actividades, todos los estudiantes deben aprender los mismos contenidos al mismo tiempo, y desde luego, ser evaluados por medio de pruebas estandarizadas. La mecanización de la educación se justifica bajo la lógica de un mercado laboral ficticio, en un contexto en el que lo que priva es el desempleo y la falta de oportunidades, por lo que resulta claro que los eufemismos tecnocráticos sólo buscan encubrir la triste realidad de precariedad y violencia a la que son arrojados los egresados de las escuelas, principalmente públicas.

La lógica del capitalismo salvaje, llevada a su extremo lleva a la conclusión de que es legítimo prescindir del profesorado, entendido como recurso desechable, convertido en un residuo, como lo demuestra la reciente separación del servicio de más de 600 docentes a nivel nacional, que se negaron a ser sometidos a una evaluación estandarizada por medio de la cual renunciarían a sus derechos laborales, al ser incorporados retroactivamente a un régimen de excepción, violatorio de los artículos 13 ,14 y 123 constitucionales. Es importante señalar que entre dichos docentes cesados se cuentan profesores altamente capacitados, con posgrados, publicaciones, reconocimientos académicos y trayectorias destacadas, lo cual demuestra que lo que menos se buscaba por medio de la implementación de esta "reforma" era la mejora educativa, siendo evidente que los verdaderos objetivos, no declarados, fueron la precarización laboral y la desresponsabilización del Estado en cuanto al mantenimiento de las escuelas públicas, justificando así la progresiva disminución del presupuesto educativo y abriendo la puerta a la inversión privada por medio de programas como Escuelas al Cien, así como la introducción mañosa del concepto "autonomía de gestión".

Hablando, como lo hace el Dr. Cruz Pérez, de mitos y realidades, podría señalarse que la más reciente "reforma educativa" se rige por dos mitos principales: "la recuperación de la rectoría de la educación por parte del Estado" y "la calidad educativa", alcanzable a través de una "evaluación" que tampoco merece tal nombre. En vísperas de que dicha "reforma" impuesta por el régimen de Peña Nieto sea abrogada, derogada, cancelada o por lo menos reformada por el gobierno encabezado por Andrés Manuel López Obrador, es muy necesario cuestionarnos, como lo hace el Dr. Cruz Pérez, acerca de la nueva reforma que impulsará dicho gobierno. ¿Retomará los principios que orientaron las reformas educativas del periodo posrevolucionario? ¿Se rescatará el sentido nacionalista en las escuelas? ¿Se volverá a hablar de la búsqueda de igualdad de oportunidades y de justicia social? Sólo el tiempo lo dirá, en este momento lo único que puede afirmarse de manera categórica es el rotundo fracaso de la reforma peñista, que lejos de cumplir mínimamente con sus objetivos declarados, ha generado en cinco años los niveles más bajos de aprovechamiento escolar, llegando a extremos de desorganización administrativa nunca antes vistos, como los cientos de docentes a los que se dejó de pagar sin justificación alguna, o las decenas de escuelas sin directores o sin maestros, lo cual fue provocado en gran medida por la "re-centralización" promovida por la "reforma educativa" de Peña Nieto.

En este sentido, el trabajo que ha realizado el Dr. Cruz Pérez, y no me refiero únicamente al libro del cual el presente texto es prólogo, sino a su labor como conferencista en diversas regiones de nuestro país, se distingue por buscar el diálogo; lejos de pretender imponer sus ideas como verdades, busca escuchar, dar voz a las distintas posiciones e identificar, de manera conjunta, puntos de encuentro y entendimiento que nos permitan democratizar la educación, con lo cual coincide con uno de los principios orientadores de la Coordinadora Nacional de Trabajadores de la Educación (CNTE).

Si algo queda claro, y es de esperarse que el gobierno entrante así lo entienda, es que no es posible realizar ninguna reforma educativa sin tomar en consideración a los actores respectivos, en particular a los maestros, a los estudiantes y a los padres de familia, para lo cual ejercicios de encuentro de ideas como los que realiza el Doctor Jorge Luis adquieren una enorme relevancia de frente a la urgencia de un auténtico proyecto educativo enfocado a la formación de ciudadanía y a la democratización del país.

Octubre de 2018

MTRO. CARLOS G. SCHEEL M.
Docente del COBAEJ e
integrante de la CNTE.

Problematización de la educación superior en México[1]

Problematizar la educación superior consiste en identificar fortalezas y debilidades, oportunidades de crecimiento y desarrollo con calidad contextualizada, para una mejor planeación de las políticas públicas en educación superior de nuestro país.

E: *Nos encontramos en el hermoso pueblo de Chontla, Veracruz, para charlar con Jorge Luis Cruz. Hola, qué tal Jorge, gracias por platicar un poco sobre los problemas de la educación superior en nuestro país, un tema muy importante y recurrente en el debate y análisis, porque importa y nos debe interesar a todos los mexicanos.*

JL: Gracias por la invitación, con mucho gusto estoy aquí, en espera de que las ideas expresadas aquí sirvan para el bien de los maestros, de los directivos, de los que planean la educación, pero sobre todo para el bien de la sociedad.

---

[1] Entrevista dada en Chontla en enero de 2010.

E: *La educación superior en México es considerada desde el técnico superior universitario o profesional asociado, licenciatura, especialidad, maestría y doctorado. Según tu experiencia en el ámbito público y privado: ¿cuál es tu opinión con respecto al problema de la educación superior en nuestro país?*

JL: Yo puedo identificar varios tipos de problemas en sus distintos niveles. Uno es, por ejemplo, en el nivel académico-pedagógico; otro, el financiamiento; otro más, las políticas públicas, y otro, su planeación. Así, de manera general.

Me voy a referir al primero. Tenemos distintas modalidades en educación superior: *abierta, a distancia, semiescolarizada o mixta y la tradicional, que es el sistema escolarizado.* Uno de los problemas que yo he enfrentado desde este ámbito académico pedagógico, es que la mayoría de estudiantes en educación a distancia, semiescolarizada o en sistemas abiertos, vienen de un sistema de bachillerato escolarizado, en el cual el estudiante aprende directamente del profesor o la profesora. El estudiante ya no busca el conocimiento, se lo proporciona la misma institución. Entonces, como están acostumbrados a esta modalidad, cuando van a un sistema abierto, a distancia o semiescolarizado, advierto esos problemas, particularmente de aprendizaje, no sólo de parte de los estudiantes, también de parte de profesores, porque no están acostumbrados a construir el saber y el aprendizaje, sino a darlo ya construido. En consecuencia, los profesores en modalidades a distancia, abierta o semiescolarizada, dan clases condensadas o sintetizadas porque sus programas son cortos en tiempo, cosa que no sucede con el profesor que trabaja en una modalidad escolarizada. Éste es un problema de tipo académico-pedagógico, lo que significa que tenemos que formar profesores con una mentalidad de asesores de aprendizajes, no como profesores que darán clases, sino como profesores que van a orientar el aprendizaje en estudiantes, que van a orientar a estudiantes en la identificación de los contenidos más importantes de aprendizaje. Es problema común en sistemas abiertos, a distancia o semiescolarizados, tanto para profesores como para estudiantes.

Otro problema es de tipo financiero. Como director que fui en Instituciones de Educación Superior, observé que las modalidades a distancia, abierta y semiescolarizada o mixta, me implicaban menos inversión, en cuanto a infraestructura y profesores. Me explico. Generalmente, cuando se diseña un programa en modalidad escolarizada, las asignaturas, en todo el país, tienen de cuatro a cinco horas por semana; en cambio, en un sistema abierto, semiescolarizado o a distancia, son dos horas por semana. Esto quiere decir que, como director de una institución de educación superior, desde el punto de vista financiero, le pago al profesor sólo las horas que está frente al aula. Me es más rentable, desde el punto de vista económico ofrecer estas modalidades. No así para la escolarizada, porque me implica invertir más en infraestructura, pagar a profesores más horas frente al aula, lo que me obliga incrementar la cuota de colegiatura.

Otro problema que considero importante, se refiere a la política pública en educación superior, concretamente su planeación. Se han incrementado los espacios y modalidades de educación superior en nuestro país, lo que incrementa también la oferta educativa de instituciones públicas y privadas. Quiero decirte que las instituciones privadas se adelantaron a las públicas. La política pública en educación superior, en México, recoge, casi siempre, la experiencia de las instituciones privadas. Esto es un problema porque se han incrementado los espacios y modalidades, sin moderación, sin una adecuada planeación. Se ha sobreescolarizado a la sociedad en determinados saberes; por ejemplo, en carreras del área económico administrativa, así como también en carreras del área de ciencias sociales y humanidades. Muchos quieren estudiar derecho, contaduría o administración de empresas. La sobreescolarización ha conducido al subempleo de profesionales en el mercado laboral.

E: *Jorge, los problemas que hoy nos has descrito, ¿desde cuándo crees tú que surgen?*

JL: Tiene sus orígenes en décadas pasadas. Por ejemplo, podemos pensar en la década de los 70´s del siglo pasado, con las políticas educativas que adoptó el gobierno de Luis Echeverría. Él masificó la educación superior, al abrir más espacios en la Universidad Nacional Autónoma de México (UNAM) y en el Instituto Politécnico Nacional (IPN), en el ámbito público; entonces se masificó la educación superior en nuestro país.

Luego, a partir del gobierno de Carlos Salinas de Gortari, en 1994, cuando entró en vigor el tratado de libre comercio, se vio como oportunidad de desarrollo para el país entrar a la competencia internacional, y modificar tanto la política económica como la política educativa.

Quiero referirme a esas dos partes: cómo reformó la política económica a México. La política económica en México, a partir de 1994, fue una apertura al mercado internacional (Estados Unidos y Canadá) la cual implicaba la reforma del sistema educativo, porque en los pactos que hicieron con estos dos países llegaría el momento de un libre tránsito entre estudiantes y académicos. Pensemos en esta región económica, Estados Unidos y Canadá, pero también con Ernesto Zedillo con la Comunidad Económica Europea y cómo en el ámbito internacional exigían a los países, sobre todo a México, por parte el Banco Mundial (BM) y el Banco Interamericano de Desarrollo (BID) y, los países que integran la Organización para la Cooperación y el Desarrollo Económico (OCDE), la calidad en educación. Fue entonces cuando en los años 90´s el secretario de Educación en turno, que era Ernesto Zedillo Ponce de León, que sucedió en el sexenio a Carlos Salinas de Gortari, procedió a aplicar normas de calidad a la educación superior en México; surge entonces lo que ahora llamamos el Centro Nacional de Evaluación Educativa (CENEVAL). Todos esos elementos de la administración, sobre todo en administración pública, se fueron aplicando a procesos de educación en México en varios ámbitos: académico y administrativo. A partir de entonces, las instituciones de educación superior mexicanas, tanto públicas como privadas, para que tuviesen el sello de calidad, debían poseer certificación de organismos internacionales en Estados Unidos y después en la Comunidad Europea. De ahí surge el gran problema, considero yo. Ahora, ¿por qué? Porque el gobierno mexicano, al no tener una perspectiva de inversión en educación superior le fue dando espacios a universidades -Llamémosles así- transnacionales. Aún en México, por ejemplo, todas las políticas de educación superior son copiadas de Estados Unidos o de la OCDE, para certificar conocimientos, certificar saberes. El hecho de tener en el sector de educación un Acuerdo 286 para certificar competencias en trabajadores, por ejemplo, el hecho de que tú vayas a cursar algunos semestres en algunas áreas de licenciaturas y, por cuestiones laborales o económicas —¿no pudiste terminar la educación superior en licenciatura?—, qué es lo que hacen, presentas un examen general de conocimientos y te certifican tus saberes. La Secretaría de Educación Pública te otorga una licenciatura en alguna de las áreas económico administrativa, humanidades o ingenierías, incluso en áreas biológicas. Esto, con el fin de incrementar la escolaridad de los mexicanos y así competir con los mercados estadounidense y canadiense y con países que integran la

Comunidad Económica Europea. Fue una exigencia de las políticas educativas internacionales, desde la UNESCO e instituciones que ya he comentado con anterioridad.

E: *Bueno, Jorge, ¿y tú qué piensas de la calidad educativa en nuestro país, y cómo lograr esta calidad que hoy nos piden?*

JL: Hay tipos de calidad. Esos tipos de calidad son de acuerdo a costos e inversiones que hacen las instituciones en cuanto a formación de capital humano: académicos, administrativos y estudiantes. Voy a explicar estas partes.

La calidad de la educación se califica desde el modelo económico que adoptó el gobierno de Carlos Salinas, el neoliberalismo social. Éste consiste en afirmar que el Estado es quien regula las relaciones comerciales entre particulares y entre las naciones, entonces se dice: «Hay que tener más mercado, y menos intervención del Estado». Ésa es una tesis central en la calidad de la educación, no tan sólo en México, sino también en el ámbito internacional: *más mercado, menos Estado*. Y al ser la tesis principal del neoliberalismo social, la calidad de la educación está en función de cómo responden las instituciones de educación superior a las necesidades del mercado.

La calidad de la educación superior está en función de lo que necesita el empresario, lo que necesita el mercado laboral. Entonces, las universidades públicas y privadas, a partir de esos años, lo que hicieron fue pactar con la COPARMEX en México, por ejemplo, para preguntarle al empresario cómo querría un contador, cómo querría un administrador, un abogado, y así sucesivamente. De alguna manera, los criterios empresariales empezaron a dominar sobre los pedagógicos, educativos y académicos. La calidad de la educación se califica en función de que el estudiante, el egresado de universidades, desarrolle competencias.

¿Qué es eso?

En la Organización para la Cooperación y el Desarrollo Económico se dice que las competencias son esas habilidades, conocimientos, experiencias que cada alumno acumula a lo largo de su formación y de la experiencia que ha tenido en el ámbito laboral. Hoy por hoy, lo que hacemos es darle una calificación a los años que llevas en el ámbito laboral, en otras palabras: los años en que te integraste al sistema educativo. Esas son competencias que sabes. Qué habilidades has desarrollado, qué conocimiento tienes, y si el estudiante responde a lo que requiere la empresa, el estudiante tiene una educación de calidad de donde egresó, del Tecnológico de Monterrey, de la Universidad Panamericana, de la Universidad Iberoamericana, Universidad Veracruzana. Y, generalmente, el empresario te califica según egresas. Es más, cuando van a un mercado laboral, por ejemplo, y solicitan personal profesional en determinada área, hay lo que nosotros llamamos «la teoría del filtro», según la cual se dice: «Vamos a contratar contadores, administradores o abogados», y los empresarios se dan el lujo de decir: «Nada más que sean de tales universidades; de estas otras universidades no, porque no nos garantizan calidad, porque no han desarrollado competencias. En cambio, los egresados de tales universidades sí, y responden a las necesidades de nosotros como empresarios. Nosotros, generalmente, para calificar a alguien no ponemos mucha atención en la parte social, en la parte cultural, sino más bien en la parte económica mercantil.»

E: *Bueno, ¿y tú qué opinas de la capacitación que tienen los profesores en el nivel superior?*

JL: Creo que México necesita una reforma educativa profunda en lo que respecta a formación y actualización de personal académico, porque, por ejemplo, la política educativa desde el siglo XIX se ha centrado en el nivel básico y todo el sistema de Escuelas Normales forma profesores para educación básica. En México, la educación básica es también preescolar, desde hace dos a tres años atrás que es obligatorio en todos la educación preescolar, educación primaria, y educación secundaria, desde el año 1992. Las escuelas Normales en México se centraron en la formación de profesores de preescolar hasta secundaria, pero carecemos de una profunda formación técnica pedagógica, le puedo llamar yo, de profesores que se integran a aulas en educación media superior, y ya ni se diga en la educación superior. Quienes llegan a atender estos niveles, generalmente son profesionales en distintas áreas sin ninguna formación pedagógica. ¿Esto qué hace? Hace que el profesor tenga demasiado conocimiento, un conocimiento profundo en su área, pero no sabe cómo transmitirlo, no sabe cómo facilitar el aprendizaje, y por la carencia en formación técnico pedagógica en profesores de educación superior, fíjate lo que sucede: todavía se centran en la enseñanza, cuando los modelos educativos internacionales y, en México, al menos en el discurso, se están centrando más en el aprendizaje del alumno, no en la enseñanza. Escuchas que el discurso pedagógico es el constructivismo, el discurso pedagógico es la epistemología piagetiana, en fin...; pero que todavía se ha quedado en estudios, en discursos, no en la práctica. Ahí creo es donde el sistema educativo, al no formar adecuadamente a profesores en educación superior, es en esa parte donde yo encuentro mayor debilidad. Los alumnos dicen: «Me aburro en clases», y por qué se aburren en clase, porque no somos dinámicos, porque no seducimos al estudiante para aprender, y el trabajo del educador es aprender a seducir al alumno, para que aprenda. Y para ello necesitamos muchas competencias. Primero estar seguros de nosotros, estar seguros de nuestros aprendizajes, de nuestros conocimientos, pero sobre todo, estar seguros de que mi trabajo como educador en educación superior consiste en orientar y de acompañar al estudiante. Eso lo veo yo como una vocación. No todos somos dados para ser educadores.

Hay encuestas que se han hecho, por ejemplo, en la Universidad Nacional Autónoma de México, en que le preguntan a los profesores en pasillos: «Y tú, ¿por qué eres profesor en educación superior?» «Yo soy profesor porque no encontré otro trabajo en el

campo laboral. En la empresa no lo encontré».
«Yo estoy aquí mientras me integro a la empresa; una vez que me encuentre un mejor trabajo en la empresa, me voy y dejo el aula». Eso demerita la educación superior en México. Tratamos a veces de tener lo que yo he escuchado en el discurso oficial, los cursos remediales o lo que llamamos cursos cortos en capacitación docente, centrados más en la parte teórico pedagógica, pero no en la operativa del trabajo en aula o el trabajo con nuevas tecnologías. Eso ha demeritado la educación superior en México. Necesitamos invertirle más, el Estado y las escuelas privadas, también en formación técnico-pedagógica de profesores porque en el aula se ocupan estrategias de aprendizaje; ya no estrategias para enseñar. Hemos avanzado mucho en éstas últimas, pero no mucho en aquellas. Y llamo «estrategias», ¿por qué? Porque el profesor universitario se va a integrar a una seria, podría yo llamar, lucha de poderes entre el estudiantado y él, y como buen militar tiene que ir con herramientas. Estrategias para que pueda seducir, como dije, a los estudiantes para el aprendizaje. Que no sientan ellos que el aprendizaje es doloroso, aunque lo es –Aristóteles decía-, ¿por qué? Porque implica esfuerzo de parte del que aprende, pero ese esfuerzo no lo sentirá al

seguir estrategias seductoras para el aprendizaje. Porque la educación, desde mi perspectiva, más que un encuentro es una búsqueda constante. Como decía hace un momento, el que ha aprendido a aprender, como decimos ahora, es el que va estar todos los días actualizando sus saberes. Por eso para mí la educación antes de ser un encuentro, es una búsqueda constante que tiene como límite la vida misma. Nosotros nos educamos todos los días, por eso decimos que el ser humano es educando desde que nace, desde el vientre de su madre, desde la concepción, hasta que muere: toda la vida consiste en un proceso de educación

Así, desde esta perspectiva, creo que es importante formar a los docentes y también que el estudiante tenga esta visión: «La escuela no te lo va a dar todo». Tiene que haber interacción entre escuela, campos laborales y profesionales del área, para poder juntos construir ese saber. Ésa es la seducción para mí, una seducción pedagógica. Porque para mí, el que aprende por placer, aprende por gusto; a esto le llamo la «erótica pedagógica» o el «eros educativo», que no es mío. Una vez, que platicaba con Octavi Fullat, filósofo de la educación, catalán, profesor en la Universidad Autónoma de Barcelona, hablaba de este «eros de la educación», y decía (se me quedó grabado): el placer no coarta la libertad; antes más, la propaga. Entonces, a través de estos métodos de la erótica educativa, nosotros podemos también despertar esa libertad en los estudiantes para aprender, pero aprender en función de algo que, ¡vamos!, que tenga calidad en su contexto. Es un punto interesante. Un elemento tiene calidad si responde a su contexto. Lo que aquí, en Chontla, es calidad, en algún otro lado no lo es, por eso debe ubicarse en su contexto.

Yo invitaría a eso a instituciones de educación superior, a quien define las políticas públicas en educación, que revisen todas estas aportaciones que han dado, no tan sólo mexicanos, también los franceses, españoles... En este mundo «globalizado», el trabajo de Edgar Morín es interesante, en el cual dice que nosotros tenemos que educar para la incertidumbre, y a veces no educamos para esto.

Me voy a explicar en esta parte, porque puede haber malos entendidos. A nosotros nos educan para mercados laborales ciertos, no inciertos, como en la crisis económica internacional desde hace ya casi dos años; a nosotros no nos educan para ésta. Por el contrario, nos educan para una economía estable, sin conflictos. Hoy tenemos por eso la calidad en educación superior del día de hoy. En su contexto, deben educarnos para las incertidumbres, para responder a ellas y su correspondiente crisis. ¿Por qué le llamo crisis? Porque para mí es una oportunidad para el crecimiento, el desarrollo, y para los que invierten. Los que tienen esta visión no hablan de crisis, hablan de oportunidades y ésa es una oportunidad grande para que la educación superior en México incremente su calidad.

Educar para las incertidumbres, es una aportación interesante de Morín en aquel libro que publicara a principios de los años 90: *Los siete saberes necesarios para la educación del futuro*, y en otro de sus últimos libros: *Educar en la era planetaria*, que nos llevan a este tipo de reflexiones sobre la calidad y la educación con respecto al mercado mundial, lo que él llama «mercado globalizado».

E. *A lo largo de esta entrevista con Jorge Luis, pudimos advertir los problemas de la educación superior en nuestro país. Su perspectiva, sin el menor sentido destructivo, busca construir y desarrollar competencias laborales, en un entorno cada vez más mundializado.*

Reformas educativas: mitos y realidades[2]

Agradecemos infinitamente al Licenciado Juan José Villela de la Claraboya Literaria y actualmente presidente de la Fundación Unidos por Tampico las facilidades para poder traer este tipo de eventos a nuestra ciudad, sin ningún beneficio económico, con el único interés de traer cultura a Altamira, sin lugar a dudas, un impulsor de la cultura en la zona. Agradecemos también la presencia de nuestra Directora de Cultura.

Juan José Villela: *Primeramente decirles a ustedes que es un placer y privilegio contar con la amable presencia que generosamente nos están obsequiando. La conferencia más que nada es de corte informativo, no es tendenciosa, está bien elaborada y su título es explícito, viene a dejar clarificada la situación de la misma reforma educativa, su título dice: mitos y realidades.*

---

[2] Conferencia dictada en octubre de 2014 en la Biblioteca Municipal de Altamira, Tamaulipas a invitación de la Claraboya Literaria y la Fundación Unidos por Tampico.

La persona que hoy va a disertar es uno de los baluartes que tiene Claraboya Literaria, es un hombre conocedor y que, me atrevo a decir, muchos asesores del gobierno federal se quedan chiquitos al lado de él. Tiene una cualidad muy grande, no está alquilado como muchos de nosotros a un gobierno, él es autónomo, es libre y por esa libertad construye este tipo de conferencias. Quiero aclarar que la conferencia es de buena fe, nos hubiera gustado encontrar aquí a todo el gremio magisterial, a los líderes y a los padres de familia porque, si ustedes le ponen toda la atención a la disertación que va a hacer nuestro expositor, ustedes van a sacar muchas dudas. A veces hay mitos -y son negativos-, que perjudican la buena marcha de las organizaciones y hoy de buena fe, se va a clarificar la situación, todavía estamos a tiempo históricamente, reforma educativa, todavía hay por ahí jaloneos a nivel nacional. Entonces quiero decirles que el expositor de hoy trae un currículum grande, con mucha trascendencia en su vida profesional, nada más que él tiene otra cualidad que se llama modestia, y no me permitió que yo diera lectura a todos los blasones y méritos que él ha obtenido a lo largo de su carrera profesional. Lo único que les puedo decir es que tiene licenciatura, maestría en educación y, la cúspide –de acuerdo a la pirámide de Abraham Maslow, él está en la mera puntita de la pirámide- con un doctorado en filosofía. Con mucha satisfacción paso el micrófono al Dr. Jorge Luis Cruz Pérez.

Agradezco la presencia de la directora de cultura, al maestro Juan José Villela por haberme invitado a estar con ustedes. Lo que bien decía el maestro Villela, este tipo de trabajo que hoy voy a compartir con ustedes es parte de las investigaciones que voy realizando. Mi trabajo es en aula a nivel maestría y doctorado, en el área de educación. Me considero, en lo personal, aficionado a ésta, en la que llevo poco más de 20 años, dedicado a la docencia, a la investigación, autor de varios libros en el área educativa y actualmente director de una revista de investigación en educación. Lo que presentaré es parte de la sistematización que he hecho en los últimos años, lo que creo me da un juicio crítico y analítico de lo que pasa en nuestro país con las reformas educativas.

Les adelanto, mientras investigaba las reformas educativas, particularmente la última que hemos tenido, la del 2013, que ha sido una de las reformas que más opiniones ha generado en periodistas, en académicos, en políticos, porque toca las fibras y profundiza en el sistema educativo de nuestro país, que desde mi opinión no está terminada, es una reforma que se construye desde los últimos 20 años. Y en un rato más les diré por qué.

Pensé yo en las reformas educativas, en sus *mitos* y *realidades*, por lo siguiente: muchos tenemos *mitos* de todas las reformas que está haciendo el gobierno federal, particularmente lo que va del sexenio de Enrique Peña Nieto. Tenemos varios *mitos*, muchos de nosotros no hemos llegado a la información confiable y cierta de lo que sucede. Por el contrario, hemos generado un criterio, una opinión de lo que leemos en los periódicos, lo que escuchamos en los espacios informativos de la radio y la televisión, lo que se ha dado en los pasillos y, sobre todo, de aquellas opiniones que han generado algunos profesores y líderes sindicales.

Hoy voy a presentar la información indiscutible de lo que yo he ido encontrando a lo largo de mis investigaciones.

Cuando me trasladaba para acá le dije al maestro Villela: *todo está controlado, hay un control de parte del sistema, tanto a nivel nacional como a nivel internacional, pero tiene rumbo y orientación* y hoy van a saber por qué.

Las realidades de la reforma educativa son las que quiero presentar a ustedes.

Voy a hablarles primero de las grandes reformas educativas que hemos tenido en

México, para contextualizar lo que ha sucedido en los últimos dos o tres años.

México tuvo un sistema educativo durante casi tres siglos, en estos encontré cédulas de reyes en las que se muestra que la educación no era igualitaria, sino diferenciada. Por ejemplo, había algunas cédulas que decían: *los naturales o los indígenas de estas tierras sólo deben ser alfabetizados* para que puedan ser evangelizados o catequizados por los primeros misioneros. Por lo que, lo único que necesitaban los naturales de estas tierras era saber leer y escribir, con eso bastaba para ellos, para que leyeran el catecismo del Padre Ripalda.

Hubo una reforma educativa en el año de 1812, pero yo no la tomo en cuenta, porque se dio bajo el reinado, bajo la sede del gobierno central, del gobierno español. Me refiero a la constitución de Cádiz que ya establecía la obligatoriedad y la gratuidad de la instrucción de las primeras letras, no así la laicidad.

El primer intento de reforma educativa que se dio en México –esto lo integro como preámbulo a lo que voy a platicar ahora con ustedes– fue en 1833. Por qué digo intento, porque ustedes bien saben que en ese entonces, 1833, Don Valentín Gómez Farías estaba como Vicepresidente de la república, el presidente de la república era Santa Anna, pero dicen los historiadores que éste llegaba al poder y se iba a la Hacienda del Lencero, que está cerca de la ciudad de Xalapa, en el estado de Veracruz, y ahí pasaba el tiempo. En esa situación que estaba el país Don Valentín Gómez Farías, el padre del liberalismo mexicano, intentó hacer las primeras reformas. Pero no se efectuaron porque pronto regresó otra vez Santa Anna a la presidencia (Arnaut, 1998).

Para 1867, teniendo como antecedente o sustento a la constitución de 1857, Don Benito Juárez comienza a hacer la primera reforma profunda de la educación. Era su asesor Don Gabino Barreda, médico de formación, con estudios en Francia, discípulo directo de Augusto Comte, el padre del positivismo. Lo interesante de esta reforma educativa es su sustento en el positivismo, lo que significó que la educación en México se centrara sólo en lo científico. Se quitó la educación moral de corte religiosa y se dio una educación de corte moral, pero laica –aconfesional-, esto es, sin ninguna confesión religiosa(Zea, 1968).

La otra gran reforma educativa, porque ha habido en México pequeñas reformas, fue la de 1921, con la creación de la Secretaría de Educación Pública (SEP). Sabemos por la historia que de 1910 a 1917, se dio la

Revolución Mexicana como movimiento armado, como movimiento de masas a la que, con la promulgación de la constitución en 1917, se le dio término.

La SEP se creó con la visión de José Vasconcelos -primer secretario de educación-, que fue reconstruir el tejido social que se había destruido por la revolución armada. Había que articular los trabajos educativos, además de a los caudillos que estaban distribuidos por todo el país(Solana, Cardiel Reyes, & Bolaños Martínez, 2001).

De 1833, año en el que tuvo lugar el primer intento de reforma educativa, hasta 1921, año en el que se funda la SEP, los mexicanos carecíamos de identidad nacional -aunque habían hecho mucho los educadores del siglo XIX- (Zepeda, 2012) y, el objetivo de José Vasconcelos, con la creación de la SEP, era precisamente eso, y para ello era necesario el mestizaje cultural del indígena, del indio, lo que se logra sólo con la educación. Para ello, a través de la SEP, se difundió la cultura occidental distribuyendo gratuitamente los primeros libros en ediciones populares, entre los que se cuentan las obras de Homero, Sófocles y Eurípides (obras clásicas griegas) y las obras de Cicerón, de Virgilio y de Plutarco (obras clásicas romanas). Así inició el sistema de bibliotecas para los estados y los municipios.

Cambia un poco el panorama hacia 1936, el período cardenista. La reforma educativa de este año tenía como meta una educación socialista para los trabajadores y evitar así su explotación.

En octubre de 1917 había triunfado la revolución bolchevique, se había formado la Unión de Repúblicas Socialistas Soviéticas (URSS). Había gobiernos socialistas. A México llegaron estas ideologías, las que fueron difundidas por Don Vicente Lombardo Toledano.

Pronto esta reforma tomó la orientación de un socialismo anticlerical, se orientó contra la Iglesia, institución que durante casi tres siglos -todavía a la fecha- se ocupó de la educación de los mexicanos.

El proyecto de la educación socialista era liderada por Don Narciso Bassols (titular de la SEP), quien optó -más bien- por una reforma pragmática utilitarista de la educación en México -ya no era la educación humanista de José Vasconcelos-, esto es, todo lo que estudiaban los niños en las escuelas era orientado para integrarlos a los sectores laborales. Así se impulsó, desde entonces, la educación técnica y tecnológica.

Para 1946 Don Jaime Torres Bodet, quien había sido secretario particular de Don José Vasconcelos en la SEP, fue invitado por el presidente Manuel Ávila Camacho para ocupar la Secretaría de Educación. La reforma educativa de 1936 había causado descontento, por su orientación socialista anticlerical, en algunos sectores sociales. Por lo que Torres Bodet emprende la segunda gran reforma educativa, después de la creación de la SEP, sustentada en la Unidad Nacional. Fue una reforma hecha con los socialistas y con los clérigos.

El Secretario Torres Bodet invitó a Vicente Lombardo Toledano, de orientación socialista, a redactar la reforma del artículo tercero constitucional –toda reforma educativa implica previamente una reforma constitucional–, en la que se estableció que toda educación que impartiera el Estado tendería a desarrollar armónicamente todas las facultades del ser humano -idea de Torres Bodet-. Se estableció, además, que la educación que impartiera el Estado sería democrática, entendiendo a ésta no sólo como forma de gobierno, sino también como la superación económica, social y cultural del pueblo mexicano –ideas de Lombardo Toledano-. Desde entonces -1946- estas ideas permanecen en el artículo tercero constitucional.

Hubo otro gran intento de reforma educativa a principios de los años 70°´s (del siglo pasado). La SEP -fundada en 1921- había centralizado la educación en el Distrito Federal –hoy Ciudad de México-. Hacia 1978 se intentó descentralizar a la SEP. Fue otra reforma que se quedó como mero "intento" – igual que la de 1833-, sólo se hizo a nivel administrativo. Se crearon las Delegaciones de la SEP y las Unidades Regionales de Servicios Educativos (URSE) en los estados (Ornelas, 2008).

La otra gran reforma -la que nos rige actualmente- es la de 1992, plasmada en el Acuerdo Nacional para la Modernización de la Educación Básica y Normal. A este Acuerdo quiero darle más tiempo en mi exposición, porque todas las reformas de los últimos 20 años aquí se fundan.

Hasta aquí los principios revolucionarios en educación pública, parece, llegaron a su fin. Me explico: del periodo de 1921 –año de la creación de la SEP- hasta antes del Acuerdo Nacional para la Modernización de la Educación Básica y Normal, las reformas educativas se sustentaron en los principios de la revolución: *igualdad de oportunidades en educación, justicia social en educación y nacionalismo educativo.*

A partir de 1994 nuestro país –y la mayoría de países- entra al escenario internacional firmando acuerdos de libre comercio con otras naciones, por ejemplo, el Tratado de Libre Comercio con América del Norte (TLCAN), así como su ingreso a la Organización para la Cooperación y el Desarrollo Económico (OCDE) en 1994.

En este contexto, el Acuerdo Nacional para la Modernización de la Educación Básica y Normal preparó el ingreso y permanencia de nuestro país en instancias internacionales (OCDE y BM), lo que hace que las reformas educativas, en los últimos 20 años, se pacten en esos organismos.

En 2002 –como un avance del Acuerdo Nacional para la Modernización Educativa- se crea, como organismo público descentralizado, el Instituto Nacional para la Evaluación de la Educación (INEE).

Quiero hacer aquí una aclaración importante. Cuando leí el Decreto de creación del INEE y su normatividad, descubrí la conveniencia de éste. Porque por primera vez los mexicanos, los ciudadanos, tenemos la oportunidad de acceder a la información que se publica en las páginas web, tanto de la SEP como del INEE, en lo que se refiere a resultados de evaluación del sistema educativo -infraestructura, aprendizaje y enseñanza-, en la idea de que nosotros los ciudadanos financiamos el sistema educativo de este país.

El año pasado, por estas fechas, asistí a un Consejo Técnico Escolar de una escuela secundaria federal en Ciudad Juárez, Chihuahua. Al llegar –pues iba a dar una conferencia-, permanecí un momento en la entrada de la escuela y cavilé: esta escuela es de todos nosotros los mexicanos, no es sólo del gobierno, porque nosotros, al pagar impuestos al Estado, financiamos la educación pública.

Desde este criterio, además del de transparencia y rendición de cuentas, el INEE está obligado a dar información a los ciudadanos de cómo se encuentra el desarrollo del sistema educativo, cuáles son sus resultados de evaluación para que, en función de ello, tomemos decisiones.

Otro avance significativo, en el contexto de la modernización de la educación, es el Decreto presidencial, en 2012, por el que al INEE se le otorga autonomía.

Un avance más del Acuerdo Nacional para la Modernización de la Educación, es la Reforma Integral de la Educación Básica, que inicia en 2004 y termina en 2010. También hubo una Reforma Integral de la Educación Media Superior.

Hago hincapié en la educación básica porque el Estado, en las reformas educativas pone mayor acentuación a la educación básica y obligatoria.

Aquí hago un paréntesis para aclarar lo siguiente: el bachillerato en nuestro país es obligatorio constitucionalmente, pero no es parte de la educación básica. Los únicos niveles educativos básicos son: el preescolar, la primaria y la secundaria (12 años de escolaridad). Lo que significa que todos los mexicanos debemos tener terminada, al menos, hasta la educación secundaria.

El artículo 31 de nuestra constitución, en su fracción I dice: *todos los padres de familia están obligados a enviar a sus hijos a las escuelas públicas o privadas que oferten educación básica y bachillerato*, es decir, no es que los padres de familia queramos, es una obligación constitucional. Esto también estaba escrito en 1833 y en 1867. Aquellos padres de familia, en 1833, que no enviaban a sus hijos a la escuela primaria, decía la moral cristiana católica, porque aún había un Estado confesional, eran sujetos de excomunión. De 1867, en adelante, el no enviar a los hijos a la educación básica obligatoria, era penalizado. Ahora parece que hemos olvidado o no hemos leído el 31 constitucional. Los invito a leerlo.

También se dio, en mayo del 2008, lo que conocemos con el nombre de la Alianza por la Calidad de la Educación, pactado entre el Ejecutivo Federal y el Sindicato Nacional de Trabajadores de la Educación (SNTE), lo que dio inicio a la aplicación de exámenes para ingresar al servicio profesional docente.

Acuérdense quienes están en el sistema educativo, que desde el año de 1943 existía lo que llamamos la comisión mixta de educación, en donde el 50% de plazas eran de la SEP y el otro 50% eran del SNTE. Entonces, cuando uno llegaba al servicio público a trabajar en la SEP le preguntaban: tú por quién vienes, por la SEP o por el Sindicato. Porque existía esa comisión mixta para otorgar plazas. Ya con la Alianza para la Calidad de la Educación esto cambió. Se fueron poniendo las bases para la reforma de febrero del año 2013.

Qué pasa entonces con la reforma de hoy día (la de Peña Nieto). Yo considero que el sistema educativo necesitaba una gran reforma. Si hacemos un análisis de los datos históricos registrados, sin ideología alguna, descubriremos que el SNTE se funda en el año de 1943, cuando era presidente Manuel Ávila Camacho y Secretario de Educación Jaime

Torres Bodet. Un año después (1944) se publicó un Decreto que establecía que el único interlocutor entre el Estado y el Magisterio era el SNTE. Por lo que esta institución, desde entonces, definía, junto con los secretarios de educación, la política pública en educación de este país (Ornelas, 2012). Acuérdense que el primer jefe político del SNTE fue Jesús Robles Martínez (1949-1972), seguido de Carlos Jonguitud Barrios (1972-1989) y éste de Elba Esther Gordillo (1989-2013), a quienes el sistema dio demasiado poder, a tal grado que no podía, el Estado, hacer reforma educativa alguna, sin antes consultarlo con ellos (SNTE).

Por lo que esta reforma educativa del año 2013, si hacemos una lectura histórica entre líneas o más allá de las líneas, tiene como fin recuperar la rectoría de la educación por parte del Estado. Así lo muestran las tres leyes secundarias en las que se sostiene la reforma peñista: la ley del servicio profesional docente, el decreto que da autonomía al INEE y la reforma (en 2013) a la ley General de Educación.

La última reforma educativa de nuestro país (2013), en el contexto de recuperar la rectoría de la educación por parte del Estado y su ingreso a la OCDE (1994), es necesaria. Yo escuché -en 1999- de Luis Ignacio Román, doctor en economía por la Universidad de

París y académico del Instituto Tecnológico y Estudios Superiores de Occidente (ITESO), la necesidad de ésta y otras reformas estructurales en México.

Decidí subtitular a esta conferencia *mitos y realidades* en el contexto de la necesidad de conocer la parte histórica de cómo se desarrollaron las reformas educativas, cómo se dan y a quién o quienes benefician.

Esta conferencia es una invitación a que lean y pregunten. Hay muchos libros que se han escrito, algunos están disponibles en la red, pero hay que tener mucho cuidado porque el material que tenemos en la red no es confiable del todo, así como no todos los autores son confiables. Hay autores que escriben desde el gobierno, que tienen una visión oficialista de la reforma educativa, algunos otros autores escriben desde el sindicato, otros escriben desde la academia y otros autores más escriben desde su independencia.

Esto que comento es para que hagan un análisis crítico de la información que les llega. Algunas de las obras que consulté para decir esta conferencia son de autores que pertenecieron al sistema educativo y que ahora escriben desde la academia, por ejemplo, Carlos Ornelas, profesor investigador en la Universidad Autónoma Metropolitana (UAM-Xochimilco), que durante 20 años fue profesor en educación básica y asesor de dos secretarios de educación (Manuel Bartlet y Ernesto Zedillo). Algunas otras obras que consulté son de autores que escriben sólo desde la academia, por ejemplo, Alberto Arnaut, investigador del Colegio de México (COLMEX) y del Centro de Investigación y Docencia Económica (CIDE).

Es algo inédito lo que hay –ahora- de la última reforma educativa (2013), aún no hay nada escrito, tampoco resultados confiables. Se están dando los primeros pasos para dar cumplimiento –en lo que corresponde a esta etapa de reformas- al Acuerdo Nacional para la Modernización de la Educación Básica y Normal.

Quiero terminar con lo que le dije al maestro Villela: *todo está controlado, hay un control de parte del sistema, tanto a nivel nacional como a nivel internacional, pero es un control que tiene rumbo, que tiene orientación.*

Muchas gracias.

Preguntas y comentarios:

Ricardo: *tengo algunos cuestionamientos que hacerle al Doctor. Me parece muy valiente su postura de venir a hablar sobre mitos y realidades de la educación en México, sobre todo por la* *cuestión de los procesos que han suscitado en materia de reforma educativa a nivel nacional, sólo quiero que me responda una pregunta. ¿En el contexto en el que nos encontramos ahora, a qué responde la reforma educativa?*

R: Cuando analizo el origen, el sustento y las consecuencias de las reformas educativas, considero tres elementos fundamentales. Uno, pienso en la escuela republicana que tenía como finalidad última la formación de ciudadanos, sustentada en un modelo cultural humanista. Revisé los planes y programas de estudio de educación básica y secundaria[3] -del siglo XIX-, los que cursaron los niños mexicanos antes de la reforma de 1867, y encontré que consistían en saberes éticos, morales, históricos, así como en lenguas clásicas –griego y latín-, además del francés y la lengua nacional. También estudiaban ciencias. Era una educación cultural humanista. Dos, pienso también en la escuela neoliberal que tiene como finalidad última formar consumidores sustentada en un modelo económico que enarbola la soberanía del individuo –libertad individual-(Laval & Dardot, 2013), lo que explica que la escuela

---

[3]La educación secundaria, en esos tiempos, era distinta a la de ahora y era equivalente a la educación técnica. La educación secundaria que hoy conocemos data de 1922.

neoliberal haya optado por un modelo de competencias. Tres, pienso en la educación como un bien público (comunitario), pero también pienso en la educación como un bien privado –particular- (Laval, 2004).

La escuela neoliberal es producto de las últimas reformas educativas, las que iniciaron en 1992, el resultado: una pedagogía neoliberal que justifica el modelo de competencias.

Algunas de las consecuencias de las reformas educativas inspiradas en el Acuerdo de Modernización de la Educación (1992) son las siguientes: educación técnica y tecnológica sin humanismo, violencia en todas sus formas y modalidades, individualismo exacerbado y, como la finalidad última de la escuela neoliberal es formar consumidores, se justifica que éstos evalúen el servicio educativo, entre otros (Laval & Dardot, 2013).

Vicente: *Doctor, en esta nueva reforma yo no vi por ningún lado, o, a lo mejor no lo leí bien, pero hace años, Porfirio Muñoz Ledo, cuando era Secretario de Educación Pública, lanzó el proyecto de hacer la educación básica de nueve años, en teoría primaria y secundaria. ¿En esta reforma no está contemplada la educación básica de nueve años'?*

R: La educación básica en México quedó de 12 años, porque integra: tres de educación preescolar –que son obligatorios-, seis de educación primaria y tres de educación secundaria. Son 12 años de educación básica obligatoria.

Vicente: *Perdón, yo me refería a la educación gratuita de nueve años.*

R: La educación gratuita es constitucional. La reforma del 2013 no tocó la gratuidad de la educación, si mal no recuerdo es la fracción tercera, esa no se reformó, la gratuidad continua. Ahora lo que comentaba con el maestro Ricardo es que la visión actual -que no es exclusivo de México, es a nivel internacional-, es concebir a la educación como un bien privado, como un bien particular, pero la gratuidad de la educación permanece.

Cuando inició la reforma educativa (2013) líderes sindicales convocaron a sesiones informativas en todo el país, en las que sostenían que ésta tendía a privatizar a la educación. Quizá hemos confundido los términos -pensaba-, más bien a la educación se ha concebido como un bien privado o particular, como un bien individual, pero la educación que imparte el Estado siempre tenderá a ser pública. Desde la reforma de

1812 se estableció que la educación pública debía ser gratuita y obligatoria.

Vicente: *Pero no implica el libro de texto gratuito hasta la secundaria.*

R. Exacto, por lo siguiente: nosotros tenemos un sexto constitucional que establece la libertad de información y un tercero constitucional que establece la libertad de cátedra. Esto lo sustento en mi tesis de licenciatura en psicología educativa, en la que afirmo que la educación básica tiene como función principal formar la identidad de nosotros los mexicanos y debe ser hasta cierto punto directiva. Pero cuando llegamos a la educación media superior y sobre todo a la educación superior, la diversidad de textos permitirá hacer de ellos una lectura crítica y así formar en nuestros alumnos un criterio amplio de lo que está sucediendo en nuestro país y el mundo. Porque queramos o no, quienes de alguna manera dirigimos, conducimos este país, además del gobierno, somos también quienes nos dedicamos a la docencia en las universidades con la información que tenemos y la forma como la interpretamos. Por lo que no podemos pensar en un texto único a nivel de educación media superior y superior, dado que la función de estos niveles es precisamente la diversificación y la formación de profesionales en áreas específicas.

Epifanio: *primero, quiero felicitar a los organizadores por este foro de expresión que mucha falta nos hace aquí en Altamira. Lamentablemente no se le dio mucha difusión a este evento y es muy importante que los que nos desempeñamos en el área educativa nos nutramos y nos empapemos de todo esto que tenemos aquí, porque de alguna manera nos atañe y nos concierne estar informados. Y veo lamentablemente pocos compañeros aquí del sector educativo. Al menos no veo a nadie de mi subsistema y hubiera sido muy provechoso de todos o la mayoría de los que trabajamos ahí, en el sector educativo. Yo los felicito porque hacen falta estos foros de expresión donde podamos intercambiar ideas y nutrirnos de aquello que nos va a servir para hacer mejor nuestro trabajo. Hay una resistencia por ahí de algunos maestros, en cuanto a la evaluación, yo lo veo muy saludable porque esto va a traer muchos beneficios, se van a romper algunos vicios del sistema educativo y va a incidir en una mejora de los aprendizajes de nuestros alumnos. Queremos mejores mexicanos, mejores ciudadanos y esto va enfocado hacia allá. Me integré un poquito tarde, me enteré de manera casual y lo felicito por su exposición.*

Juan José: *Ha sido un apoyo lo que ha presentado el Doctor, ciertamente como lo dice el maestro Ricardo hay mucho que comentar e incluso debatir pero propositivamente para mejorar, eso que usted acaba de decir me agradó bastante, debemos de ser mejores cada día. Yo orgullosamente soy abogado y fui juez en primera instancia del tercer distrito judicial, pero el devenir de la vida me convirtió en maestro, empecé a administrar a maestros y cuando ellos me pedían consumibles, si me pedían 100, yo les daba 25, pero saben por qué les daba 25, porque yo no estaba en los zapatos de ellos. En cuanto yo terminé mi primera maestría en educación, cuando me pedían 100, yo les daba 150. Ahora, lo que decía el Doctor, ahí están las épocas, ahí están los personajes, a mí me hizo ir a mi infancia porque yo viví la época de Lombardo Toledano, viví la época de Jaime Torres Bodet, inclusive estuve en ceremonias cuando llegó a venir a Tamaulipas, cuando era el Secretario de Educación Pública. Me acuerdo de Ruiz Cortines, o sea ya estoy viejito, ya tengo mis años. Qué pasó, que muchas de las veces el gobernante en turno, llámese presidente de la república, nos injertaban sistemas y planes de estudios ajenos, el último que yo recuerdo fue Chileno, la época de Don Luis Echeverría que tuvo mucho amor con Salvador Allende. Y todos los intelectuales, todos los docentes y todos los master en educación, Doctor, de Chile se vinieron para acá y nos impusieron un sistema educativo chileno pero diseñado para* *chilenos, y no necesariamente lo que beneficia a Chile, tendrá que beneficiar a nosotros los mexicanos, aun así, estando en la república mexicana, en materia de educación, no necesariamente lo que sea bueno para etnia Tzotzil de Chiapas tendrá que ser bueno y necesario para la tribu yaqui en Sonora. Ahora yo estoy en el sistema nacional de... hoy me dieron bastantes formatos para yo entrar como docente y observar a un compañero docente, sentarme y con un esquema de resolutivos, una batería, empezar yo a evaluar a mi compañero y me tengo que sentar y ver toda su clase. Saben una cosa, ninguno de nosotros rechazamos eso, al contrario es un estímulo y queremos dar nuestra mejor clase para que el compañero que nos evalúe se lleve una buena calificación e impresión de nosotros. Yo acabo de "sufrir" el PROFORDEMS, requisito si ne qua non para que yo pueda estar frente a aula, frente a los alumnos, si no lo tengo me sacan, qué vergüenza para mí, y me mandan a lo administrativo, yo no voy a permitir eso, lo que nunca debe de perder el ser humano se llama dignidad, me gustó lo que usted dijo. Entonces toda esta reforma educativa lejos de perjudicar al magisterio lo está fortaleciendo, desgraciadamente está la grilla, está el privilegio sindical, están las canonjías, están las prebendas, están los flojos, haraganes y tontos que no quieren trabajar. Lo que yo si quisiera es lo que decía el Doctor, cuando yo empecé en la docencia yo hablaba de ética, habla de ciencias sociales, hablaba de sociología, no obstante que estaban las ciencias sociales, hablaba de valores, hablaba de historia, de historia regional, historia nacional, saben qué, desapareció todo. Y como dice acertadamente el Doctor esto es producto de que ya el muchacho sea un vándalo, o sea, con esta reforma educativa dejé de ser maestro, nada más soy un guía, un facilitador, el trabajo lo tiene que hacer el muchacho y después yo tengo que evaluar en tres aspectos: insuficiente, suficiente, excelente. Y tengo que ver la norma basada en competencias, si eres competente, no eres competente y como decía el Doctor acertadamente y el humanismo dónde quedó, yo daba filosofía, la quitaron, afortunadamente ya regresó una materia que es sobre desarrollo ciudadano y sobre desarrollo ciudadano yo vi cómo se han incrustado situaciones, como un tutifruti, de las materias que quitaron. Desarrollo ciudadano yo lo di hace dos años y ahora que lo vuelvo a retomar, me lo vuelven a asignar para darlo, descubro que ya está fortalecido y que inclusive tengo que hacer reflexionar al muchacho y que le tengo que poner un dilema moral, el juicio moral y de la toma de decisiones para que el muchacho reflexione y vaya teniendo una identidad de la que hablaba el Doctor, la identidad personal y la identidad grupal. Otra cosa que quiero decir y que lo mencionó el Doctor, de la escuela privada a la escuela pública el costo es igual. La diferencia es que cuando yo voy a dar clase a la escuela privada y que a papá le cuesta, el muchacho me exige, me presiona, me pregunta y me evalúa. Oye maestro me dijiste que esto… pero fíjate que yo lo investigué y se me hace que estás mal maestro, saben por qué, porque a papá le está costando. Estoy hablando del Tecnológico de Monterrey, estoy hablando del Instituto Cultural Tampico, pero en CBTIS, en CBTAS, en CONALEP, el techo financiero, como lo decía el Doctor lo proporciona el gobierno, de dónde coge el dinero el gobierno, de todos nosotros. Entonces si le echamos raya, a lo mejor la escuela pública sale más cara que la escuela privada. Y eso es lo que a mí me frustra mucho, encontrar mi cliente. Yo les digo a mis muchachos: jóvenes ustedes son mis patrones, yo estoy aquí para servir a ustedes y vengo a tratar de labrar el futuro y que sean propositivos. Y esa es la diferencia específica, el género propio de lo privado y a lo público.*

Alfonso: *Escuche todo, muy hermoso. Yo soy hijo de profesor, mi padre sirvió al sistema 40 años, estaba en un medio indígena y gracias a que él trabajó en un medio indígena yo conocí muchas realidades de lo que es la educación en el medio indígena. Me siento contento porque en realidad gente como ustedes me motivan. El profe que habló (Epifanio) lo conozco hace tiempo, hemos platicado, tiene una preparación excelente, lo conozco. Soy muy inquieto. Yo soy líder y lo traigo de nacimiento, porque el líder también se hace, mi padre fue líder y me falta mucha experiencia,* *porque la gente nos pregunta oyes que Peña Nieto con esto, Peña Nieto con la educación… y esto te motiva para debatir. Yo tengo medianamente una carrera trunca pero contar con personas como ustedes que nos vengan a regalar esto, yo nunca lo voy a desaprovechar y ojalá dentro de mi medio como líder, que vinieran gentes que se dicen líderes a aprender de ustedes para debatir y poder construir un país diferente. Yo lo felicito sinceramente. He tenido la oportunidad de escuchar a varios ponentes, eminencias y esa eminencia la quiero aprovechar, cuantas veces vengan a Altamira a dar este tipo de cursos yo estaré presente aquí todo el tiempo que sea, jamás me voy a aburrir, voy a aprender y lo voy a enseñar. Gracias.*

Me hierve la sangre de escuchar a alguien como usted y créame que lo comentado con ustedes, lo doy en clase de doctorado, ellos pagan su colegiatura y ustedes no y que bueno, hay que aprender.

En Francia y en algunos otros países la gente se ilustra así, platicando en los cafés. Yo gozo platicar ahí porque aprendo de todos. Cuando llega un amigo y me dice: ya leíste tal libro… pásamelo para leerlo, nos vamos pasando los libros, comentando las ideas. Así es como surge la ilustración. Y creo que este país, creo que México, creo que Altamira y todos los municipios del país necesitamos estos espacios para intercambiar información.

El gran sueño que tengo es que la democracia de nuestro país, de nuestros estados y municipios, sea una democracia informada, porque si tenemos una democracia sustentada en la información difícilmente cometemos errores. Entonces yo los invito a que leamos los periódicos, a que escuchemos los comentarios, con mucho respeto, de los demás y formar nuestro propio criterio y sobre todo decir: yo di esta información pero ve, mi sustento es esto.

Los libros a veces son información muerta cuando los tenemos ahí en el cajón del escritorio, por eso es mejor que fluya. Así se dan los cambios, así se dieron los cambios en el siglo XIX, así México transitó a la ilustración, así tenemos que avanzar a la ilustración.

Cuando a Emanuel Kant, aquel filósofo maestro de Könisberg, le dijo uno de sus alumnos: maestro está de moda la ilustración -así como ahora está de moda la posmodernidad- pero ¿qué es la ilustración? No le respondió Kant en el momento, como respuesta el maestro escribió el ensayo: *¿Qué es la ilustración?* Y con esto quiero terminar. Emmanuel Kant le dice a su alumno: la ilustración se reduce a la siguiente frase: *aude* *sapere* (atrévete a saber). Atrévanse a saber ustedes, porque el saber los hará libres.

Algunos problemas de la educación superior en México[4]

La atención a los problemas nacionales, las crisis económicas y las demandas surgidas ante la inminencia del Tratado de Libre Comercio con América del Norte (TLCAN), requieren de las instituciones nacionales de educación superior la formación de personal altamente competitivo, capaz de generar innovaciones en todas las ramas de la ciencia y de la tecnología. Pero esto, hasta el momento, quizá sea difícil de alcanzar, según los datos proporcionados por la Asociación Nacional de Universidades e Instituciones de Educación Superior (ANUIES), debido a que el crecimiento de la educación superior en México, a partir de los años 70´s, ha sido desequilibrado, poco planificado y desproporcionado funcionalmente. Por tal motivo hemos invitado al Dr. Jorge Luis Cruz Pérez. Él es licenciado en psicología educativa, maestro en ciencias de la

---

[4] Entrevista dada el 26 de enero de 2010 desde el Colegio de Bachilleres del Estado de Veracruz (COBAEV), plantel 41 de Chontla.

educación, doctor en filosofía, profesor universitario en licenciaturas desde 1993, profesor universitario en maestrías desde 1998, profesor universitario en doctorado desde 2003, profesor investigador en la Universidad del Valle de Atemajac (UNIVA), la Universidad Säman de Jalisco (USJ), Universidad Lasalle (hoy Universidad Marista), entre otras. Entre 1998 y 2002 fue asesor académico de la Coordinación de Educación Media Superior, Superior y Tecnológica de la Secretaría de Educación del Estado de Jalisco. Y Desde 2002 consultor, asesor y capacitador en educación superior para instituciones públicas y privadas, entre las que destacan la Universidad Säman de Jalisco, la Universidad Internacional, la Universidad América Latina, el Instituto Superior de Estudios de Guadalajara, entre otros. Articulista y ensayista de revistas especializadas en educación. Sus últimas publicaciones giran en torno a la investigación de la educación, diseño y administración curricular. Siendo un experto en la educación vamos a leer sus comentarios. Buenos días doctor, bienvenido.

E: *¿Para usted cuáles son los problemas más relevantes de la Educación Superior en México?*

JL: Uno de los problemas más serios, considero, en la educación superior de nuestro país es la falta de una clara definición de las políticas públicas de parte del Estado, sobre todo en lo que respecta a su planeación. He sostenido en foros nacionales e internacionales, por ejemplo, que en México estamos sobreescolarizados en algunos campos específicos del saber: no se vincula la planeación de la educación superior con las necesidades de los mercados laborales.

No sucede lo mismo con el Estado cubano. El sistema educativo de este país, por ejemplo, cuando el mercado laboral necesita médicos forma médicos, cuando necesita economistas forma economistas, cuando cubre la necesidad de médicos y economistas abre nuevas carreras para cubrir nuevas necesidades de mercado, lo que impide su *sobreescolarización*. En nuestro país no es así: nosotros tenemos un libre mercado educativo, cuyo criterio es la rentabilidad, no para el país, sino para el empresario de la educación.

Por qué digo esto, porque desde el sexenio de Vicente Fox, este es un dato interesante, la educación superior privada se incrementó significativamente. He comentado –se escucha mal y hasta grosero, pero creo que es necesario señalarlo-, hay cocheras, desde este sexenio, que se han convertido en universidades. Ello como resultado de falta de claridad en las políticas públicas en educación superior, en su planeación y sus procesos académicos.

Ahora no interesa tanto la calidad académica, sino lo que exige el mercado educativo (no el laboral), además de cómo lo hace y eso ha demeritado la calidad de la educación superior. Eso es un problema grave, porque cuando los egresados de instituciones de educación superior se van a los mercados laborales, van con nulas o mínimas competencias.

Yo creo que el gobierno federal y los gobiernos estatales tienen que planear mejor la educación superior y definir políticas claras.

Otro problema es que en México no se considera a la educación superior como una inversión en *capital humano*. A muchos les ha causado conflicto el término *capital humano*, porque es un término que se trasfirió de la economía a la educación y si analizamos el discurso oficial en educación, éste se orienta hacia la formación de *capital humano*. Para nosotros este término, por ejemplo, se refiere a las capacidades que uno desarrolla, tanto por la experiencia laboral, por la integración al sistema educativo, como también por los cursos cortos o diplomados que acreditamos para campos específicos de trabajo, lo que llamamos capacitación formal o informal y que universidades privadas y públicas están ofertando a las empresas o a los profesionales en distintos campos.

Otro problema de la educación superior es el de su descentralización. En los años 80´s y 90´s del siglo pasado la educación superior estaba centralizada, es decir, todo se decidía desde el Distrito Federal (hoy Ciudad de México). Con el nuevo federalismo comienza la descentralización de la educación, primero de la educación básica y normal, para terminar con la educación media superior y superior (Solana, Cardiel Reyes, & Bolaños Martínez, 2001). Surgieron otras ofertas educativas como la de los Institutos Tecnológicos Descentralizados, las Universidades Tecnológicas, los Colegios de Bachilleres, los Colegios de Estudios Científicos y Tecnológicos. En fin una serie de escuelas, de instituciones que fueron descentralizándose para responder de manera particular a las regiones del país. Sin embargo, ha costado descentralizar la educación superior, en el sentido de que pocos de los académicos de las instituciones de las regiones del país habían desarrollado competencias académicas, nos íbamos al D.F. (Ciudad de México) para aprender a administrar la educación superior y como no nos habían formado para ello entonces qué fue lo que hicimos, cometimos errores de los cuales aprendimos.

Otro problema de la descentralización de la educación superior es su financiamiento. De pronto, el gobierno federal preguntó a quién le toca financiar y con qué porcentaje. Entonces se fueron integrando, involucrando los distintos niveles de gobierno: el gobierno federal en algunas ocasiones aportando el 50% del financiamiento para la educación superior y quedaba el otro 50% en manos de los Estados. Actualmente, las últimas reformas que se han hecho, en un periodo de 15 años, lo que sucede es que la educación superior es financiada por los tres niveles -municipal, estatal y federal- (Pardo, 1999).

Hasta ahí avanzamos. Lo veo como una problemática, que nos ayuda a ver cuáles son nuestras oportunidades de crecimiento y desarrollo, pero sobre todo para los beneficiarios de la educación superior propiamente, porque hoy por hoy necesitamos carreras universitarias pero que estén contextualizadas.

Por experiencia que tuve, no sólo en el estado de Jalisco sino en algunos otros estados, como el de Veracruz, por ejemplo, cuando se planea mal la educación superior, tanto la parte académica como la parte administrativa, a veces se tiene que retirar la clave de centro de trabajo y la oficialización de esos estudios, porque no tuvieron mercado, no respondieron a las exigencias del contexto.

Estas son las problemáticas, a grandes rasgos.

E: *¿Qué opina usted acerca de que muchos de nuestros investigadores han tenido que ser formados en el extranjero por incapacidad de nuestro sistema de posgrados?*

JL: Este es otro problema que lo he comentado también en algunas redes de posgrado, sobre todo de educación que es el campo que yo trabajo. Es un problema en qué sentido. Las especialidades, las maestrías y los doctorados en México, en muchos de los casos, se han convertido en continuidad de las licenciaturas. Me explico: lo que nosotros no vemos en licenciatura lo vemos a nivel de posgrado.

Se supone que según el Acuerdo secretarial 279 (SEP), las maestrías y los doctorados, especialmente estos últimos, deben estar enfocados a la investigación. Un 80% de los seminarios (no asignaturas) que se cursan a nivel de doctorado deben ser enfocados a una investigación aplicada. A nivel de maestría el porcentaje es menor, un 60% de asignaturas deben ser enfocadas hacia la investigación. El mismo acuerdo establece: por cada 20 alumnos de posgrado que tenga una institución debe tener un investigador a tiempo completo, lo que significa que una institución que tenga 80 alumnos debe tener cuatro investigadores (a tiempo completo), por ejemplo.

Pero si revisamos los planes de estudios de los posgrados, no sólo los de educación, sino también en economía, en ciencias sociales, en general, vemos que las asignatura en investigación son mínimas -no me refiero a la especialidad porque está enfocada hacia campos específicos de algún campo del saber. También algunos programas de posgrado carecen de líneas o campos de investigación.

Esto es un problema porque nosotros no investigamos. Además, ésta, para las instituciones públicas y privadas, no genera beneficios económicos. La educación superior ahora, para que sea rentable, debe atraer dinero, incluso las políticas, actualmente, por ejemplo, es que los programas sean autofinanciables, ya no te da todo el gobierno federal, el gobierno estatal, sino que uno tiene que aportar. Pero la investigación no es rentable y pocos profesores han desarrollado competencias en investigación. Esto hace que esté demeritado el campo y que vayamos, de manera coloquial o caricaturesco, detrás de los investigadores de Francia, de Alemania, de España, recogiendo lo que a ellos se les cae y entonces tomar esas temáticas, esas pequeñas temáticas para poder investigar en ellas.

Hay poca infraestructura y sobre todo hay insuficiente -así lo noto-, no capacidad, si no competencia que hayamos desarrollado como lectores de obras. Nosotros no somos lectores de obras clásicas ni de primera mano, sino que nos llegan obras de segunda o tercera mano, esto provoca que nosotros hagamos una réplica de los distintos paradigmas de investigación en esos campos, nosotros somos una réplica. Ahora si queremos ser buenos investigadores tenemos que dominar el francés o el inglés, porque las grandes obras de educación se leen en francés o en inglés.

Otro problema en este campo de la investigación es que hay insuficiente financiamiento para la publicación, una cosa es investigar y otra es publicar, incluso hay excelentes investigaciones que han quedado en los cajones del escritorio porque no hay recursos para publicar y además, lo tengo que mencionar, el Consejo Mexicano de Investigación Educativa (COMIE) es coto de poder, no fácilmente entra uno, un investigador se elige, tiene varios candados, que no permiten que los que inician se integren fácilmente. También el Sistema Nacional de Investigadores (SNI) es un grupo de poder, que incluso para obtener un posgrado de calidad se tiene que obtener su aval.

E: *¿Cómo ha sido la participación del gobierno federal para contrarrestar dichos problemas?*

JL: Yo creo que para contrarrestar estos problemas el gobierno federal ha sido lento, porque los que llegan a coordinar o administrar la educación, no son educadores, no han estado frente a aula. Secretarios de educación que llegan a estos puestos, quisieran saber, tal vez, el abc de la pedagogía, del manejo del proyector y de hacer sus diapositivas para dar un mensaje, una clase… Secretarios de educación, líderes sindicales que son políticos, no académicos.

Ha sido lento porque cada inicio de sexenio llega un nuevo secretario de educación y tiene que agarrarle la onda, como decimos, y a veces se tarda porque el sistema educativo en México es grande y esto provoca que sea lento, se lleva tiempo adaptarse.

Hay programas de la Secretaría de Educación Pública que van contrarrestando algunos problemas que hasta ahora hemos comentado, como son los programas de becas a nivel superior para los académicos y administrativos que quieran desarrollar competencias, no sólo pedagógicas, sino también en gestión de instituciones de educación superior.

Si el Estado le invierte en *capital humano*, este país tendrá mejores oportunidades de vida, tendrá mejores niveles de producción, tendrá trabajadores calificados y profesionales calificados.

Para mí el financiamiento de la educación es una inversión que el Estado debe pensar en qué momento, en qué tiempo va a recuperarla para seguir costeando la educación. Esto es un círculo virtuoso. Si yo, por ejemplo, me educo y genero para el país, estoy haciendo que el país crezca y se desarrolle económicamente.

Hace un rato usted preguntaba algo así como… la fuga de investigadores. Los investigadores que se quedan fuera del país y que han sido formados con recursos del país, el Estado para contrarrestar está buscando, elaborando criterios y programas para que no suceda más esto. Porque los investigadores que se van al extranjero y se quedan allá, generan para el extranjero y no para México.

Si yo me educo en México, ya sea en la parte pública o privada, obtengo una maestría o un doctorado en alguna de las áreas, yo al estar generando para mi país tengo que pagar el impuesto, más ahora con las nuevas formas de contratar al personal, ya no es como antes de los años 80´s, o años 70´s, por ejemplo, que tú estabas en una nómina, ahora no, sino que estás por contratos temporales y son contratos, a veces, para nosotros los académicos de tres meses y medio en un sistema cuatrimestral, son contratos de cinco meses o cinco meses y medio en un sistema semestral, estamos renovando contrato, lo que implica que yo tengo que pagar mis impuestos directamente, yo al pagar por mi trabajo, al pagar los impuestos al Estado, se supone que estos impuestos que genero se utilizan para obras públicas, la educación, la salud, para todos los servicios que debe dar el Estado. Yo genero para mi país.

Pero imagínese usted que yo me formo como doctor, como maestro en alguna de las áreas aquí en México, de pronto no encuentro oportunidad de trabajo, me voy a Estados Unidos o España, por ejemplo, yo genero recursos e impuestos para esos país, pero no para mi país. Aquí ya hay una fuga, no tan sólo de investigadores en el área, sino también de recursos.

Lo que sucede hacia otros países sucede también entre los estados aquí en México. Por ejemplo, aquí en Veracruz hay muchos que se forman en los Colegios de Bachilleres, pero como en Veracruz no hay oportunidades laborales, tienen que salir a otros estados. ¿Qué sucede? Nos formamos aquí pero generamos para otros estados, entonces nosotros ya no somos rentables para este estado, somos un gasto, no una inversión.

Los gobiernos estatales y el gobierno federal tienen que pensar y buscar soluciones a estos problemas generando empleos, abriendo espacios laborales, ampliando los mercados laborales, pero pactando siempre con los empresarios, además de buscar el desarrollo del campo. El estado de Veracruz, por ejemplo, es rico en este aspecto.

Ve usted cómo integramos lo dicho en la entrevista: la parte de las políticas públicas, la parte del financiamiento, la parte de formar investigadores que nos lleven a un desarrollo sustancial, sostenible como decimos hoy.

Si el gobierno federal lo ve como una inversión tiene que buscar las formas de que los profesionales e investigadores no se vayan del país, de lo contrario estará educando, estará formando para el mercado internacional, no para el mercado interno.

No soy nacionalista en el sentido de decir nada más mi país, no, la economía está globalizada, tengo que ver también lo externo. Pero considero que el Estado debe formar (educar) primero para el país, abriendo los espacios laborales para evitar que el recurso que invierte en educación se vaya a otras regiones del mundo, sino por el contrario, que se quede aquí. Sólo así el financiamiento de la educación se convierte en inversión y no en gasto. Yo lo veo desde ahí.

E: *¿Cuál debe ser nuestra participación como ciudadanos forjadores del futuro de nuestro país?*

JL: Como ciudadanos, yo creo, tenemos que conocer, primero, nuestros derechos fundamentales, nuestras garantías individuales y, segundo, entender cómo este país está estructurado, cómo está organizado y cómo funciona.

No lo garantizo, pero son pocos los que han leído el artículo 39 constitucional, en donde dice que en México se optó por un gobierno democrático y representativo, en donde nuestros gobiernos, sobre todo los de elección popular, son representantes únicamente de la voluntad del pueblo y nosotros somos los que mandamos a ellos y no ellos los que nos mandan, nosotros somos los mandantes, ellos son los mandados. Y aquí tal parece, al no tener en cuenta dicho artículo, pensamos que ellos nos mandan y nosotros obedecemos, cuando constitucionalmente es al revés, porque el poder está en el pueblo y no en el poder público. Entonces para nosotros participar en esto debemos ciudadanizarnos, lo que significa conocer mis derechos fundamentales, conocer cómo está estructurado gubernamentalmente el país.

Muchos no sabemos que constitucionalmente, tanto a nivel federal como a nivel estatal, tenemos dos figuras, el de plebiscito y el de referéndum.

El plebiscito nos ayuda para cuando una iniciativa de ley en el congreso local o federal no nos favorece y/o favorece parcialmente a algunos, nosotros estamos obligados constitucionalmente a consultar a la base, a la ciudadanía. Con el 2.5% de la nómina electoral, nosotros tenemos la legitimidad para frenar la iniciativa de ley que daña a la sociedad en general, ese es el plebiscito, que poco lo utilizamos porque tampoco nos informamos de cuáles son las temáticas en la agenda legislativa y al no estar informados no podemos participar en las decisiones, es más no es un gobierno democrático, porque la democracia implica información, implica pronunciarse a favor o en contra, o abstenerse.

La otra figura que tenemos es la del referéndum. Si alguien llegó a un puesto por elección popular y no llega a las metas que él/ella estableció en tiempos de campaña y que quedó plasmado en un plan de desarrollo, si no cumplen con esas metas los ciudadanos constitucionalmente estamos obligados por derecho a decidir, mediante una consulta, si el servidor público permanece o se retira para que llegue quien realmente tenga las competencias para gobernar y dar resultados, porque hoy en día necesitamos gobiernos de resultados.

Para contrarrestar lo que hemos comentado necesitamos primero, ciudadanizarnos. Esto implica conocer cómo está estructurado el país, conocer mis derechos individuales, mis derechos electorales. Segundo, utilizar métodos democráticos en las aulas, porque actualmente seguimos modelos autoritarios: *la lista la tengo yo* –dijo un maestro-.

Queremos estudiantes que obedezcan ciegamente, no por la razón, ese es un daño que la educación hace a la democracia.

Hay que democratizar desde el gobierno, pero también desde el sistema educativo, desde la escuela. Tenemos que renovar los métodos pedagógicos. Hay avances que yo poco he visto en las aulas, avances en los procesos democráticos de la educación, son temas que pocas veces se tocan. ¿Por qué no se tocan estos temas? Porque a algunos les conviene mantener el control en la educación, es una forma de vivir.

Tenemos que democratizarlos con los métodos adecuados para que la vivida en el aula se refleje en la sociedad y no el autoritarismo; es el cacicazgo lo que pasa en el aula. No olvidemos que Pierre Bourdieu decía: *lo que hacemos en el aula es la reproducción de lo que hacemos en la sociedad* (Bourdieu & Passeron, 2005).

Los educadores debemos ir avanzando hacia la democratización, porque no sólo le toca a los gobiernos, también nos toca a nosotros. Es un error garrafal en México que hayamos dejado la actividad política en manos solamente de los partidos políticos, la actividad política debe estar también en las ciudadanas y los ciudadanos.

E: *Para terminar: ¿quisiera usted comentarnos una experiencia agradable que haya tenido dentro de la educación?*

Una experiencia agradable fue cuando vi cómo la educación media superior se descentralizó en el estado de Jalisco -hablo de 1996-, fue ardua la negociación con el gobierno federal porque la Universidad de Guadalajara (UdG) tenía el monopolio del bachillerato, lo que significa que todo presupuesto del Estado terminaba en tal institución. El hecho de negociar el tener el sistema de Colegio de Bachilleres y Colegio de Estudios Científicos y Tecnológicos en el Estado, implicaba que la UdG nos cediera parte del presupuesto y del espacio que ellos tenían. Vi el logro de políticas claras en educación media superior e incluso la certificación ante organismos internacionales. Ello fue una experiencia agradable porque vi el entusiasmo de los maestros y de los directivos. Éramos equipo, en donde no veíamos jerarquías, sino a iguales, de tal manera que yo podía dialogar con un profesor en aula, con una profesora en aula, como con un directivo.

Tuvimos un programa ahí, porque había choques entre algunos académicos y directivos –iniciaba el crecimiento del sistema-. Esto creo que viene de años atrás. El administrativo que no comprende al académico y viceversa. Tuve una ocurrencia: implementar en los Colegios de Bachilleres un programa que se llamó *Directivo al Aula*, en donde el directivo debía de impartir máximo dos asignaturas para que se vaya con los estudiantes al aula. Esto lo hice para que el directivo conozca la problemática de primera mano dentro del aula, qué sucedía en esas cuatro paredes, en esa lucha de poderes entre los alumnos y los profesores. Ello logró que vayamos formando equipos de trabajos, grupos operativos y, que el administrador de la educación y el académico hablaran un mismo lenguaje. Esto incrementó la calidad de la educación e incluso aumentó la demanda de Colegios de Bachilleres en el estado.

Esto es agradable, porque yo no pensaba que podíamos llegar a negociar con un monopolio tan grande como es la UdG, la segunda a nivel nacional. Ahí aprendí a negociar desde el sector público, que es donde me he desarrollado más. También me gusta el sector privado, pero más el sector público, porque llegamos a más gente.

E: *Doctor, esta entrevista va a contribuir para acrecentar nuestro acervo como docentes que nos preparamos en un programa de maestría y sobre todo para conocer un poco más a fondo los problemas por los que atraviesa nuestro país. Pues muchas gracias y mil felicitaciones por su gran labor.*

Bibliografía

Arnaut, A. (1998). *La federalización educativa en México*. México: El Colegio de México/Centro de Investigación y Docencia Económicas.

Castañeda Rodríguez, V. M., & Díaz-Bautista, O. (2017). El consenso de Washington: algunas implicaciones para América Latina. *Apuntes de CENES*, 15-41.

Laval, C. (2004). *La escuela no es una empresa: el ataque neoliberal a la enseñanza pública*. Barcelona: Paidós.

Laval, C., & Dardot, P. (2013). *La nueva razón del mundo: ensayo sobre la sociedad neoliberal*. Barcelona: Gedisa.

Ornelas, C. (1999). *El sistema educativo mexicano: la transición de fin de siglo*. México: CIDE, NF, FCE.

Ornelas, C. (2008). *Política, poder y pupitres: crítica al nuevo federalismo educativo*. México: Siglo XXI.

Ornelas, C. (2012). *Educación, colonización y rebeldía: la herencia del pacto Calderón-Gordillo*. México: Siglo XXI.

Pardo, M. (1999). *Federalización e innovacin educativa en México*. México: El Colegio de México.

Solana, F., Cardiel Reyes, R., & Bolaños Martínez, R. (2001). *Historia de la educación pública en México (1876-1976)*. México: Fondo de cultura económica.

Zea, L. (1968). *El positivismo en México: nacimiento, apogeo y decadencia*. México: Fondo de cultura económica.

Zepeda, B. (2012). *Enseñar la nación: la educación y la institucionalización de la idea de la nación en el México de la reforma (1855-1876)*. México: Fondo de cultura económica/Consejo nacional para la cultura y las artes.

Reformas educativas: mitos y realidades
se terminó de editar en marzo de 2018
en el Instituto Superior de Investigación en
Ciencias de la Educación, A. C.
Calle Miguel Hidalgo 808-A, Zona Centro
92200 Chontla, Veracruz, México.

isice73@gmail.com

www.ingramcontent.com/pod-product-compliance
Lightning Source LLC
Chambersburg PA
CBHW031419250726
48656CB00002B/732